418

CATÉCHISME

DU PEUPLE,

PAR

DEUX HABITANS DU FAUBOURG SAINT-ANTOINE,

Prix : 50 cent.

PARIS,

DELAUNAY, LIBRAIRE, AU PALAIS-ROYAL.

IMPRIMERIE DE A. BARBIER,

RUE DES MARAIS S.-G., N. 17.

—

1831.

CATÉCHISME
DU PEUPLE.

CHAPITRE PREMIER.

DES BOURBONS, DE LEURS DROITS AU TRÔNE, DE CHARLES X, DU DUC DE BORDEAUX ET DU DUC DE REICHTADT.

En vertu de quoi les Bourbons régnaient-ils sur la France?

Par le droit divin, comme ils le déclaraient eux - mêmes, se disant rois de France *par la grâce de Dieu.*

Que signifient ces mots : *rois de France par la grâce de Dieu?*

Ces mots devraient signifier que les Bourbons gouvernaient la France parce que Dieu les avait chargés de la gouverner.

Est-il vrai que Dieu les en eût chargés ?

Nullement ; jamais Dieu ne s'est montré à un homme de la famille des Bourbons pour lui dire : « Je te charge, toi et ta race, de gouverner la France. » Jamais non plus, il n'a dit à nos pères ou à nous : « Français, je veux que vous obéissiez à la famille des Bourbons. »

Qui donc a pu donner lieu à cette formule ?

Cette formule n'est autre chose qu'un mensonge ridicule inventé par le despotisme religieux pour commander aux peuples une obéissance aveugle. Ne sachant que répondre à qui demanderait d'où les Bourbons tenaient leurs droits, on imagina de dire qu'ils les tenaient de Dieu.

Quels étaient donc les droits réels des Bourbons à la couronne de France ?

Les droits de l'usurpation transmis, d'âge en âge, et de prince en prince, depuis Hugues Capet, qui s'empara de force de la couronne, il y a environ huit cents ans, jusqu'à Charles X.

Mais au moins cette usurpation a-t-elle été légitimée, sous quelqu'un de ces princes, par le consentement du peuple ?

Hugues Capet est monté sur le trône, parce qu'il l'a voulu, et sans demander le consentement de personne; ses des-cendans y sont montés après lui, par droit de succession et sans jamais s'in-quiéter de ce que le peuple en pensait, le peuple n'étant rien pour eux.

Pourtant Charles X parlait quelquefois, *de son peuple, de ses peuples*.

Charles X disait *mon* peuple, *mes* peu-ples, comme un propriétaire dit ma mai-son, mes bestiaux.

Où avait-il pris cette opinion ridicule?

Jeune, dans les discours de ses gou-verneurs; roi, dans ceux de ses flatteurs qui toujours lui disaient : « Maître, tout est à vous; ce peuple vous appartient corps et biens, bêtes et gens; faites-en ce que vous voudrez. »

N'a-t-il pas suivi ces leçons à la lettre?

Oui, car quand ce peuple, qui était à lui, a refusé de lui obéir, il a fait feu sur lui, comme nous ferions sur notre chien, s'il devenait enragé.

Après une telle action, que doit être Charles X à nos yeux?

C'est l'ennemi public de la France, l'assassin de son peuple.

Quelle place obtiendra-t-il dans l'histoire ?

Il prendra rang à côté de Charles IX de hideuse mémoire, sous le titre honteux de Charles X, roi mitrailleur.

Comment se fait-il que certaines gens se soient trouvés qui aient osé plaindre tout haut les malheurs de Charles X ?

C'est que, comme disait Paul Courrier, le vigneron : « Le dévouement est grand à » la personne d'un maître ; c'est à la per- » sonne qu'on se dévoue, au corps, au » contenu du pourpoint. » Il a raison d'ajouter plus bas, que le dernier degré de bassesse et de stupidité où peut descendre un courtisan, n'est pas encore connu.

Que voulaient dire par exemple ceux qui venaient déplorer à la tribune les *augustes* infortunes de Charles X ?

Je pense que dans leur bouche, le mot *auguste* était placé ironiquement, comme encore dans une phrase du même Paul-Louis dont nous parlions tout à l'heure. Après avoir raconté, à propos de Chambord, toutes les turpitudes et déréglemens de nos Bourbons, rois par la grâce de Dieu ; et Louis XIV , vivant en concubinage avec toutes les femmes et les filles que son bon plaisir fut d'enlever à leurs parens, à leurs maris ; et Henri III, faisant pénitence entre ses mignons et ses moines ; et François Ier mourant de maladie honteuse ; il s'écrie avec dérision :

« Quel dommage ce serait d'abandonner
» à l'industrie la propriété de Chambord,
» ce temple des vieilles mœurs, de la vieille
» galanterie, ce monument où tout respire
» l'*innocence* des temps monarchiques ; de
» laisser s'établir des familles laborieuses
» et d'ignobles ménages, sous ces lambris
» témoins de tant d'*augustes* débauches !»
Les infortunes de Charles X sont *augustes* comme les débauches de ses nobles aïeux.

Mais pourquoi n'avoir pas appelé au trône le petit-fils de Charles X, le duc de Bordeaux ?

Par la seule raison que c'est son petit-fils et que tous chiens chassent de race.

Mais le duc de Bordeaux n'est qu'un enfant.

Oui, mais un enfant nourri des leçons du jésuite Tharin ; élevé sur les genoux de l'évêque Latil, qui conseilla les ordonnances du 26 ; neveu de cette *Antigone française* qui ne pardonna jamais aux Français la révolution de 89; et petit-fils de cet exécrable Charles X qui préludait par les fusillades de la rue Saint-Denis aux massacres de juillet.

Mais, en vertu du principe de la légitimité, le duc de Bordeaux n'était-il pas appelé à régner un jour sur la France?

Il n'y a de vraie légitimité que celle qui résulte d'un contrat passé librement entre les rois et les peuples, et religieusement observé par les deux parties contractantes. Or, le seul contrat qu'invoquent les partisans de la famille déchue, la Charte, n'a satisfait à aucune de ces deux conditions : violemment imposée à la France par Louis XVIII, soutenu des armées prussienne, anglaise, russe et autrichienne, elle fut déchirée par Charles X, soutenu de régimens suisses et de quelques Français égarés.

Que faut-il donc penser de ceux qui ont demandé le duc de Bordeaux?

Que ces gens-là ne sont pas plus les amis de la France et de la liberté que ne l'était Charles X lui-même; car Charles X aussi a demandé qu'on couronnât le duc de Bordeaux.

N'a-t-on pas aussi parlé du duc de Reichtadt, autrefois *Roi de Rome* ?

Oui, sans doute; mais le duc de Reichtadt ne nous conviendrait pas plus que le duc de Bordeaux.

Pourquoi ? n'est-il pas le fils de Napoléon, d'un grand homme ?

Le fils d'un grand homme peut n'être qu'un homme médiocre. Ensuite, ce qu'il nous faut aujourd'hui dans un roi, c'est surtout la probité, et les grands hommes en manquent quelquefois : témoin Napoléon qui, né de la révolution, l'étouffa sous le poids d'un despotisme moins honteux, sans doute, mais non moins accablant que celui des Bourbons. A quoi employa-t-il son génie? A tromper le peuple, pour mieux l'asservir; à l'éblouir par le faux éclat d'une gloire militaire que la France expia par deux invasions. Plus son fils lui ressemblerait, moins il serait propre à être le chef d'un peuple libre. D'ailleurs le choix pourrait-il être douteux entre le soldat de Jemmapes et l'élève de Metternich; entre le prince-citoyen qui combattit à la tête de nos bataillons, et l'enfant qui a grandi au milieu de nos ennemis? Non, le duc de Reichtadt n'est plus pour nous qu'un étranger; Français par sa naissance, son éducation l'a fait Autrichien.

CHAPITRE II.

DE LA MAISON D'ORLÉANS, ET PARTICULIÈREMENT DE LOUIS-PHILIPPE.

En vertu de quoi Louis-Philippe Ier est-il roi des Français?

Par la volouté du peuple.

Quelle différence y a-t-il entre un roi qui est roi par la grâce de Dieu, et celui qui l'est par la volouté du peuple?

Le premier se dit : Je règne de par Dieu, qui m'a donné mon peuple, et je ne dois compte de mes actes qu'à Dieu ou aux prêtres. Le second, au contraire, pense en lui-même : Je règne de par le peuple, qui m'a confié ses intérêts; c'est au peuple seul que je dois compte de tous mes actes. L'un raisonne ainsi : Il ne me faut jamais recevoir la loi de mes sujets; l'autre, au contraire : L'intérêt de mes sujets doit être mon unique loi. C'est au peuple à faire les lois, puisque c'est pour gouverner le peuple que ces lois sont faites. Mon premier soin doit être de m'entendre avec mon peuple, de passer avec lui un contrat consenti par tous deux, et de respecter ce contrat comme sacré. Pour celui qui règne par le droit divin, le dernier degré d'abaissement, c'est de tenir le serment fait à ses sujets; pour l'autre, c'est de le violer.

Pourquoi le peuple a-t-il offert la couronne de préférence à Louis-Philippe d'Orléans?

Parce que le peuple voulait voir la couronne sur la tête d'un roi-citoyen.

Quelles doivent être les qualités d'un roi-citoyen?

Elles sont toutes renfermées dans cette phrase appliquée à Louis-Philippe, qui n'était encore que duc d'Orléans : Étant né prince, il daigne être honnête homme.

Sur quoi vous appuiriez-vous pour prouver que Louis Philippe est honnête homme?

Sur l'histoire de sa vie entière.

N'a-t-il pas porté les armes pendant la révolution de 89?

Oui, contre les ennemis de la France, à Jemmapes, à Valmy.

N'a-t-il pas émigré ?

Oui, mais malgré lui, comme notre vieux Lafayette, et jamais pour faire la guerre contre nous.

Une fois hors de France, qu'a-t-il fait ?

Il a travaillé pour vivre.

A quoi a-t-il pu travailler ?

Au lieu d'être ignorant comme un prince, il était instruit comme un homme ; il s'est fait professeur : il a montré aux autres ce que lui-même n'avait pas dédaigné d'apprendre.

Il n'a donc pas, comme les Bourbons émigrés, mendié à la porte de l'étranger ?

Jamais. Il savait trop que, dans quelque position qu'on se trouve, la première obligation pour un homme de cœur, c'est de ne rien devoir qu'à soi-même ; et que, fût-on né prince, quand on a deux bras et de la santé, on ne doit pas, comme un fainéant, demander l'aumône.

Mais, de retour en France, il n'a point fait chanter de *Te Deum* pour remercier le ciel ?

C'est vrai ; il n'a pas non plus fondé des messes, des séminaires, ni doté des couvens à nos dépens ; mais, sage dans sa vie, dans ses mœurs, il a donné un exemple qui prêchait mieux que les missionnaires, car il a vécu et vit tous les jours en homme de bien.

Mais, à la cour de Charles X, ne disait-on pas que Philippe d'Orléans était avare ?

Oui, parce que Philippe d'Orléans était sagement économe de son bien et Charles X follement prodigue du bien de la nation.

De cette différence de caractère entre les deux princes, qu'est-il arrivé ?

Une chose toute naturelle. Charles X, malgré les rentes énormes que la nation lui faisait, a trouvé moyen de ne pas mettre un sou de côté, de laisser 45 millions de dettes. Louis-Philippe, sans avoir jamais rien demandé aux autres, a su, par son travail et son industrie, doubler sa fortune. Il serait encore le plus riche particulier du royaume, quand même le peuple ne lui ferait pas un sou de rente.

Louis-Philippe ne donne-t-il pas chaque jour des preuves d'une popularité inconnue en France ?

Oui ; car jamais un roi de France n'a marché au milieu de nous sans gardes et sans escorte; jamais un roi de France n'a, comme celui-ci, mené dans son palais la vie d'un bon bourgeois. Interrogeons les capitaines de notre garde nationale, les chefs de nos députations qui ont causé et mangé avec lui : ils nous diront que ce roi-là les invite à dîner tout aussi simplement qu'ils inviteraient euxmêmes un voisin. « Monsieur, j'espère » que vous nous ferez le plaisir de dîner » avec nous : nous dînons à cinq heures » précises; » et puis, au moment de passer dans la salle à manger : « Monsieur, » veuillez donner la main à la reine. » Quand, s'il vous plaît, avons-nous entendu un roi parler avec cette noble simplicité ? C'est encore lui qui, sur son balcon, chante *la Marseillaise* en chœur avec le peuple; qui ramasse le chapeau du vieux Lafayette; qui crie *vive la France!* et qui nous appelle ses *concitoyens* et ses *camarades*.

Ne se montre-t-il pas également populaire dans sa manière d'élever ses fils?

Oui; car ses fils sont élevés parmi les nôtres et comme les nôtres. Le jeune duc d'Orléans, aujourd'hui héritier présomp-

tif de la couronne, a fait toutes ses étu-
des dans nos écoles; il y allait, comme
tous les enfans de ce que les Bourbons
appelaient la race sujette, sans pages ni
jésuites. Ses deux frères font de même
aujourd'hui.

     Et savez-vous pourquoi le roi fait élever ainsi
ses enfans?

N'a-t-il pas dit lui-même aux maîtres
de pension quand ils ont été le voir : « Je
» fais élever mes enfans avec les vôtres,
» pour donner aux miens des principes
» d'égalité, et leur apprendre qu'ils ne
» sont pas plus que les vôtres. »

     A-t-on vu souvent des princes élevés dans les
collèges?

Depuis qu'il y a des collèges et des
princes, les enfans de Louis-Philippe
sont les premiers qu'on ait élevés de la
sorte.

     L'éducation du jeune duc d'Orléans n'est-elle pas
d'un favorable augure pour l'avenir?

Sans aucun doute; un roi ainsi élevé
ne nous regardera jamais comme sa propriété; et puis jamais de dragonnades ni
de Saint-Barthélemy, quand les rois,
élevés au milieu de leurs peuples, parle-

ront la même langue, s'entendront avec eux, sans truchement ni intermédiaire; jamais de barricades, de fusillades, de mitraillades; jamais de Charles X.

CHAPITRE III.

DE LA SOUVERAINETÉ ET DE LA MONARCHIE CONSTITU-
TIONNELLE OU REPRÉSENTATIVE.

Qu'entend-on par souveraineté?

Le droit de commander, d'exercer l'autorité suprême.

Qui doit exercer cette autorité?

Celui ou ceux que la nation en a revêtus.

La nation a donc le droit de choisir son gouvernement?

Certainement : les rois *par la grâce de Dieu* ont pu seuls lui contester ce droit : ils avaient de bonnes raisons pour le faire; car ils savaient bien que la nation ne les eût jamais choisis.

Eux et leurs partisans ne se sont-ils pas toujours moqués de la souveraineté du peuple?

Oui; ils préfèrent la souveraineté des prêtres : *la grâce de Dieu* leur convient davantage ; ils aiment mieux être les *oints du Seigneur* que les élus du peuple. Ils affirment, avec une assurance tout-à-fait comique, que trente-deux millions d'hommes doivent se laisser molester, enchaîner, mitrailler, sans se plaindre, et qu'ils n'ont pas le droit de jeter à bas le despote insolent qui les moleste, les enchaîne et les mitraille, pour élire à sa place un chef équitable, sous lequel ils pourront vivre librement et paisiblement sans mouchards, gendarmes, Suisses ni gardes royaux. La grâce de Dieu est un mot vide de sens ; il n'y a qu'un imbécille ou un imposteur qui prétende connaître la volonté divine et par conséquent invoquer le droit divin. La souveraineté appartient réellement au peuple, dans l'intérêt duquel elle est instituée. Mais, comme il lui est impossible de l'exercer par lui-même, il la délègue à une famille, moyennant certaines conditions qu'il stipule.

Mais si le peuple a le droit de choisir son gouvernement, il a aussi le droit de le renverser ?

Ceci mérite explication : on n'a droit de faire que ce qui est juste. L'autorité est offerte par le peuple, moyennant des conditions qui sont acceptées et jurées par la dynastie qu'il élit : voilà un contrat passé et qui doit être respecté des deux parties. Le peuple n'a pas plus que la dynastie élue le droit de le violer. Tant que les rois sont fidèles à leurs sermens, les peuples doivent être fidèles aux rois. Si une nation s'insurgeait sans motifs raisonnables, si, par aveuglement, par caprice, ou abusée par les machinations perfides de ses ennemis, elle renversait un gouvernement équitable et ami des lois, cette nation aurait tort; elle agirait en vertu, non du droit, mais de la force, d'une force stupide et brutale; elle ne tarderait pas à s'en repentir, et l'histoire la flétrirait justement.

A quoi se réduisent les principales formes de gouvernement?

A trois : la monarchie pure ou absolue, la république et la monarchie constitutionnelle ou représentative.

Qu'est-ce que la monarchie absolue?

C'est le gouvernement d'un seul, administrant comme bon lui semble, et se regardant comme seul propriétaire du sol et des hommes.

Qu'est-ce que la république ?

C'est l'autorité exercée au nom du peuple.

Qu'est-ce que la monarchie constitutionnelle ou représentative ?

C'est un mélange de monarchie et de république. Il y a un chef héréditaire et deux assemblées ou *chambres*, dont l'une est élue par la nation. Ce système de gouvernement est supérieur aux deux autres, en ce qu'il en réunit les avantages, sans en offrir les inconvéniens et les dangers.

Comment participe-t-il à la fois de la monarchie absolue et de la république ?

Il participe de la monarchie absolue par l'autorité d'un chef héréditaire ; de la république, par l'action du peuple dans l'élection des députés, des officiers de la garde nationale, et dans celle de ses magistrats municipaux, etc., etc.

En quoi ce gouvernement réunit-il les avantages de la monarchie absolue et de la république ?

Chaque chose a son bon et son mauvais côté. Aussi le gouvernement absolu d'un seul, si stupide, si odieux, a pourtant cela d'excellent, que, n'étant contrariée par personne, son action est plus rapide et plus énergique, avantage immense dans les momens de crise et de danger. Les Romains, qui se connaissaient en liberté, nommaient, dans les circonstances difficiles, un *dictateur*, c'est-à-dire un homme qui avait toute l'autorité d'un roi, sans en prendre le titre. Il arriva plusieurs fois que, le danger passé, le dictateur ne voulut pas résigner ses pouvoirs. De là, guerre civile, anarchie, anéantissement de la république et asservissement des Romains. Dans la monarchie représentative, point de dictateur à nommer, et par conséquent point d'usurpateur, point de tyran à craindre, puisqu'il y a toujours un chef suprême de l'État revêtu d'une autorité assez grande pour le sauver, et trop bornée pour l'asservir.

Pourquoi le trône est-il héréditaire au lieu d'être électif ? le système d'hérédité peut amener sur le trône un prince incapable. Il semblerait plus raisonnable qu'à la mort du roi, ce fût le peuple qui lui choisît un successeur.

La grande raison d'ordre public, de

tranquillité intérieure s'y oppose. La France, à chaque vacance du trône, serait divisée en partis nombreux, et chacun de ces partis voudrait imposer aux autres son héros, son favori; chaque puissance étrangère appuierait, de son or et de ses intrigues, le concurrent qu'elle croirait devoir être le plus favorable à ses intérêts. Nous aurions tous les troubles qui accompagnent un interrègne, et peut-être pour dénouement l'invasion étrangère que nous avons subie deux fois pour ne nous être pas entendus et ralliés à un seul drapeau.

Mais l'incapacité d'un roi héréditaire n'offre-t-elle pas d'aussi grands dangers?

Bien moindres, et surtout actuellement, avec la nouvelle Charte et la nouvelle dynastie. En effet, sous le régime représentatif, c'est l'opinion publique qui gouverne; opinion qui se manifeste par la presse, les élections, les pétitions et la tribune. Le devoir du roi est de lui obéir. Il suffit donc qu'il soit honnête homme, qu'il exécute la Charte de bonne foi et ne s'obstine pas à méconnaître les vœux et les besoins du peuple. Quelque peu d'affection qu'on eût pour la branche aînée des Bourbons, si Charles X eût tenu ses sermens, s'il eût gouverné sans arrière-pensée, il serait encore sur le trône. Mais il avait reçu cette funeste éducation qui corrompt les princes, leur apprend à mépriser les peuples et à les tromper pour les asservir. La première maxime qu'on leur enseigne, c'est que l'art de régner n'est que l'art de dissimuler. De là découle ce système de concessions faites quand ils sont les plus faibles, rétractées dès qu'ils se croient les plus forts. Les fils de notre bon roi Louis-Philippe, n'ont point été élevés à cette école d'orgueil et de fourberie. Ils grandissent dans nos colléges, tutoyés de leurs camarades, peut-être recevant et rendant quelques coups de poings qui leur apprennent, mieux que livres et discours, à respecter et à pratiquer l'égalité : ils étudient l'histoire, non sous un jésuite qui la purge, l'élague et la commente à son gré, mais publiquement, sous des maîtres communs à tous, au milieu de la génération qu'ils sont appelés à gouverner un jour, s'indignant avec leurs jeunes condisciples contre les oppresseurs des temps anciens, mais saisis comme eux de ce saint et généreux enthousiasme, qu'allument dans les jeunes cœurs ces traits sublimes de grandeur d'âme et de patriotisme que retracent les annales des nations antiques. Cette éducation, toute libérale, toute populaire, n'est-elle pas un préservatif presqu'infaillible contre l'orgueil, source ordinaire des fautes que commettent les princes, et contre la mauvaise foi, seule incapacité à redouter sous le régime actuel?

Mais qui nous répond que les descendans de Louis-Philippe imiteront son exemple et feront élever leurs enfans dans nos colléges?

C'est qu'un cri de réprobation s'élèverait dans toute la France contre celui qui ne suivrait pas le noble exemple du roi-citoyen : l'éducation publique des princes sera une des garanties de la nation, contre le retour du jésuitisme et du pouvoir absolu, garantie aussi puissante, aussi sacrée que celles qu'a stipulées la Charte.

CHAPITRE IV.

DE LA RÉVOLUTION DE 1830 ET DE SES RÉSULTATS.

Qui a fait la révolution de 1830 ?

C'est le peuple qui l'a commencée le mardi soir en jetant les premières pierres contre les gendarmes ; qui l'a soutenue héroïquement le mercredi en se faisant tuer à la Grève, au marché des Innocens, dans les rues Saint-Antoine, Saint-Denis et Saint-Martin ; qui l'a miraculeusement terminée le jeudi par la prise du Louvre, des Tuileries, et l'expulsion entière des troupes royales.

Qu'est-ce que le peuple gagnera à la révolution de 1830 ?

Tout ce qu'il perdait au gouvernement despotique et ruineux des Bourbons ; et d'abord, au lieu d'un roi dépensier et bigot, un roi économe et éclairé.

Mais qu'est-ce que cela fait au peuple, que le

roi soit bigot ou non? Le peuple n'en est ni plus
riche ni plus pauvre, ni plus gras ni plus maigre.

Il est impossible que vous pensiez ce
que vous dites-là, ou si vous le pensez,
je me fais fort de vous prouver tout de
suite combien vous vous trompez. Un roi
bigot est un roi qui ne se gouverne que
par les prêtres. Or, parmi les prêtres, il
y en a d'excellens, j'en conviens; entre
autres les vieux curés de campagne, dont
je fais grand cas, parce qu'ils sont en général tolérans, charitables, se conten-
tant de peu, et vivant en paix avec leurs
paroissiens. Mais les prêtres de cour,
quelle différence! C'est une race avide,
turbulente, insatiable de respects, d'hon-
neurs et surtout d'argent. S'il tombe à
ces gens-là un roi bigot, aussitôt les
voilà tous qui s'en vont quêter places,
argent, pensions, ministères, dotations;
et le roi bigot de donner, de donner à
pleines mains, et d'ouvrir les coffres du
peuple, c'est-à-dire les coffres remplis
par l'impôt levé sur le peuple, et d'invi-
ter ses grugeurs en leur disant : « Pre-
» nez, mes bons amis, prenez, ça ne me
» coûte rien; c'est la nation qui paye,
» c'est moi qui régale; prenez l'argent

» de la nation et priez pour moi. » Vous devez voir, d'après cela, qu'un roi bigot cause un notable dommage au peuple, puisqu'il dépouille le peuple pour enrichir les mauvais prêtres.

Au lieu de cela, que pourrait faire un monarque éclairé?

Un monarque éclairé employerait l'argent du peuple dans l'intérêt du peuple.

De quelle manière ?

Par exemple, à remettre en état nos places fortes, à entretenir nos grandes routes, à établir des communications entre tant de villages où il n'en existe pas, de manière à faciliter le débit des denrées et marchandises, activer le commerce, et faire monter le prix des propriétés.

Bon pour les commerçans et les propriétaires; mais cela ne ferait pas grand' chose à la classe des ouvriers; or les ouvriers, sous Charles X, étaient malheureux, car ils n'avaient pas d'ouvrage; était-ce aussi parce que le roi était bigot ?

Si ce n'est là l'unique raison, c'est du moins une des principales. La classe ouvrière est trop nombreuse pour que les particuliers puissent suffire à l'occuper

toute entière ; pour que le travail ne
manque pas aux ouvriers , il faut que le
gouvernement se charge de leur en four-
nir, en commandant chaque année des
travaux publics extraordinaires. Mais ,
pour ordonner et exécuter des travaux ,
il faut de l'argent , et les Bourbons , qui
en donnaient trop aux prêtres, n'en avaient
plus assez pour les travaux du gouvernement. Aussi , grâce à l'épuisement des fi-
nances, rien ne s'achevait, ni le Louvre,
ni la Madeleine , ni l'arc de triomphe de
l'Étoile, ni l'interminable fontaine de l'é-
léphant , etc. , etc.

Les prêtres étaient-ils donc seuls à dévorer le
budget ?

Ils en mangeaient une bonne partie ;
mais ils étaient aidés par d'autres con-
sommateurs.

Quels étaient les principaux ?

Il faut mettre en première ligne les fa-
bricateurs d'élections vendues; c'est ainsi
que l'élection de beaucoup de gens, que
le peuple ne connaît guère, a coûté au
peuple bien des centaines de mille francs;
et puis les députés ventrus qui, une fois
élus, faisaient payer cher leur vote; et

puis les dilapidations personnelles des ministres qui n'étaient soumis à aucune responsabilité; et puis les mouchards qui dénonçaient à la police les opinions et les pensées de chacun; et puis les gendarmes à qui il a fallu payer les fusillades de la rue Saint-Denis, avant de payer à toute la garnison les massacres de juillet; et puis les ministres-d'état, dont le nombre grossissait tous les jours; et puis tous les intrigans et fainéans de cour, petits-menins, grands menins, gentilshommes ordinaires et extraordinaires, porte-queue, porte-manteau, porte-coton, etc., etc., et puis... et puis... et puis... et puis...

Sous un roi-citoyen, tous ces abus ne vont-ils pas disparaître ?

Il y a tout lieu de l'espérer; déjà même nous avons un commencement de réforme.

En quoi, s'il vous plaît ?

Une des premières ordonnances de Louis-Philippe n'a-t-elle pas supprimé le conseil des ministres-d'état ? ils étaient au nombre d'au moins cinquante, jouissant les uns de douze mille, les autres de vingt mille francs de pension, pour avoir été ministres, celui-ci un an, celui-là quinze jours, plus ou moins. Mettons qu'il y en eût vingt-cinq à douze mille francs, cela donne trois cent mille francs; et vingt-cinq à vingt mille francs, ce qui donne cinq cent mille francs; en tout au moins huit cent mille francs par an, que le roi, d'un trait de plume, vient de faire rentrer dans le trésor; et puis comptez-vous pour rien l'immense avantage d'avoir un roi qui n'est pas chasseur? dès lors, plus de forêts entières réservées pour les coups de fusil du prince; plus de faisanderie, plus de meutes, plus de grands-veneurs, de petits-veneurs, de valets de chiens, et autres emplois de cour; la vénerie entière est supprimée; et savez-vous à combien il paraît que cela montait par an? à la modique somme de deux millions, voilà tout. Encore deux millions que Louis-Philippe n'aura pas besoin de demander à la nation.

Croyez-vous que les ministres seconderont l'esprit de réforme du roi?

C'est ce qu'ils paraissent disposés à faire. Ainsi M. Sébastiani a supprimé, dans les bureaux de la marine, la place d'un *inutile*, chargé de décacheter les lettres : ce monsieur était payé vingt mille francs pour une besogne que tant de gens seraient heureux de faire pour douze cents francs. Depuis, MM. Dupont (de l'Eure) et Gérard ont refusé les vingt-cinq mille francs accordés à chaque ministre, comme frais extraordinaires d'installation ; ce noble exemple a été suivi par tous leurs collègues.

> Mais, si la réforme continue, on ne saura plus que faire de l'argent du budget?

Vous croyez plaisanter, c'est pourtant ce qui ne peut manquer d'arriver : une partie du budget deviendra inutile ; on trouvera tout naturel de la supprimer ; on soulagera le peuple, en diminuant les impôts, car on ne lèvera d'argent que ce qu'il en faudra pour les dépenses publiques. Voilà ce que le peuple demande depuis si long-temps ; ce que jamais il n'a pu obtenir ; ce qu'il obtiendra enfin, grâce à la révolution et à l'avénement du roi-citoyen.

CHAPITRE V.

DES DROITS ET DES DEVOIRS DES CITOYENS.

A quoi les citoyens ont-ils droit ?

A la liberté légale, c'est-à-dire, à faire tout ce qui n'est pas défendu par la loi ; à l'égalité devant la loi, c'est-à-dire, à ce qu'un chiffonnier , plaidant contre un pair de France, ne perde son procès que quand il aura tort ; à publier ce qu'ils pensent, à refuser le payement de l'impôt qui n'aurait pas été voté par les deux chambres et sanctionné par le roi. Voilà des droits communs à tous. Il y en a d'autres qu'on ne peut exercer qu'au moyen de certaines conditions toujours déterminées par la loi, comme d'être électeur, juré, député.

Quel est le devoir des citoyens ?

De ne pas faire ce que la loi défend, de faire tout ce qu'elle ordonne. Une des premières obligations qu'elle impose, c'est l'acquittement des impôts légale-

ment votés : sans cela point de gouvernement possible. Les peuples qui savent
être libres sont esclaves de la loi : c'est
pour la loi que Paris s'est insurgé contre
un monarque parjure qui la violait : nous
avons maintenant un roi qui la respectera:
il l'a promis, et c'est un honnête homme
qui n'a qu'une parole.

En quoi consistent les principales modifications
faites à l'ancienne Charte ?

1°. Un article déclarait que la religion
catholique était la religion de l'état : cet
article a été rayé. L'état n'adopte point
une religion plutôt qu'une autre ; il les
admet et les protége toutes. Chacun adore
Dieu à sa manière, sans que le gouvernement s'en mêle. Il n'intervient que pour
empêcher qu'un culte n'opprime les autres et que les dévots des diverses religions ne se battent entre eux pour essayer
de se convertir. La liberté de croire et
même de ne pas croire est une de celles
dont les hommes font le plus de cas.

2°. Un certain article 14, rédigé et interprété jésuitiquement, a été plusieurs
fois le prétexte du rétablissement de la
censure : maintenant elle est à jamais

abolie; la vérité pourra toujours arriver à la nation et au roi.

3° On ne pouvait être député avant quarante ans, et électeur avant trente ans : aujourd'hui, on est électeur à vingt-cinq et député à trente. Il est à remarquer que l'ancienne condition d'âge a souvent peuplé la Chambre de têtes à perruques aimant peu les nouvelles idées, criant *vive le roi quand même!* c'est-à-dire quand même il violerait ses sermens, quand même il nous mitraillerait; bons serviteurs pour qui un assassin justement chassé de son trône et de son pays n'est qu'un auguste infortuné sur lequel ils versent des larmes très-risibles. Avec le nouveau système, nous n'aurons plus de ces radoteurs. Notre jeunesse actuelle est tout à la fois ardente et réfléchie; elle ne comprend pas un dévouement si bête, une si révoltante servilité pour un homme, pour un individu : elle aime Louis-Philippe, non parce qu'il est prince, mais parce qu'il est l'élu de la nation; parce qu'il est citoyen avant d'être roi; parce qu'il s'est battu pour notre liberté, et qu'il se battrait encore s'il le fallait; parce que l'aimer, c'est aimer la patrie, dont il assure le repos, dont il fera le bonheur.

4° Les électeurs étaient, sous Charles X, divisés en deux classes, les mille francs et les cent écus : c'est ce qu'on appelait *grands* et *petits colléges*. Or, les mille francs, avant de voter dans les grands colléges, daignaient aller voter dans les petits. Les cent écus ne votaient qu'une fois ; les mille francs votaient deux fois. On leur épargne maintenant cette peine : le double vote est supprimé, et il n'y aura plus qu'une seule sorte de colléges, qui ne seront ni grands ni petits, mais tout bonnement colléges électoraux, où ne pénètreront plus la fraude et l'influence jésuitique.

5° Les présidens des colléges électoraux étaient nommés par le roi : ils le sont par les électeurs.

6° Il en est de même du président de la Chambre : c'est elle qui le nomme.

Toutes ces modifications sont dans l'intérêt du peuple et non du pouvoir. Des lois séparées doivent encore effacer des abus, étendre ou consolider nos droits : attendons-les avec confiance ; car ce n'est point Charles X qui les a promises : c'est

Louis-Philippe Ier. Il n'a point juré devant un prêtre, mais devant les députés du pays, à la face de la nation; l'évêque de Reims n'a point frotté son front de la sainte ampoule ; il ne se piquera point d'être un roi très-chrétien ni un roi chevalier ; il ne se dira point le fils aîné de l'Église : il est le fils de la France, c'est un plus beau titre; il est honnête homme et roi populaire, roi de la canaille, comme son aïeul Henri IV, dont il n'a point les mauvaises mœurs : car c'est le mari le plus fidèle de son royaume, et avec lui nous ne craignons pas plus le règne des maîtresses que celui des confesseurs : c'est ce qui empêchera peut-être une partie de l'Église de chanter de bon cœur le *Domine salvum fac regem*, (*seigneur, conservez le roi*); mais le reste de la France est là pour l'entonner à pleine voix.

CHAPITRE VI.

DES PRÊTRES ET DES SOLDATS,

Quel est le devoir des prêtres ?

De prier Dieu pour nous, d'être soumis aux lois et de ne point se mêler de nos affaires, attendu que Jésus-Christ a dit : *Mon royaume n'est pas de ce monde.*

Quel est le devoir des soldats?

De défendre le pays à l'extérieur, et d'assurer sa tranquillité à l'intérieur.

Quand les prêtres et les soldats ne font pas leur devoir, qu'en résulte-t-il ?

L'esclavage et l'abrutissement des nations, à moins que celles-ci ne prennent le parti de les envoyer promener, comme l'ont fait les braves Parisiens.

Ces deux classes, les prêtres et les soldats, s'aiment-elles?

Nullement ; en général, le prêtre mé-

prise le soldat, et le soldat déteste le
prêtre.

Se sont-elles quelquefois prêté secours ?

Certainement, plus d'une fois, et no-
tamment dans les trois fameuses journées de juillet, où les soldats se sont
vaillamment battus pour les prêtres.

Comment établissez-vous que les soldats se sont
battus pour les prêtres ?

Je vais vous le prouver clair comme
le jour, pour peu qu'à votre tour vous
consentiez à répondre à mes questions.

Volontiers.

Charles X n'était-il pas gouverné par
les prêtres, c'est-à-dire par ce clergé de
cour, dont nous avons parlé plus haut ?

Oui.

Les ordonnances du 26 n'étaient-elles
pas dans le sens du parti-prêtre ?

Personne n'en doute ; aussi M. de Latil a fait ju-
rer à Charles X, sur une hostie, de ne jamais les
révoquer, quoi qu'il pût arriver : ce serment a été
tenu comme les autres.

Si le peuple ne se fût pas insurgé, ou
s'il eût été vaincu, le roi très-chrétien

n'eût-il pas gouverné au profit des prêtres?

C'est ce que tout le monde pense, et moi aussi.

Maintenant concluez vous-même, et dites-moi pourquoi les soldats ont versé leur sang et le nôtre?

Pour les prêtres, vous avez raison. Mais expliquez-moi comment, ne les aimant pas, ils se battent pour eux?

C'est que les soldats se servent de la poudre, mais qu'ils ne l'ont pas inventée : les autres sont plus malins qu'eux. Et puis, il y a dans les lois militaires quelque chose qui arrange fort les prêtres : c'est l'obéissance passive, en vertu de laquelle, quand le chef commande, il doit être aussi indifférent à tout bon soldat de tuer leur père et mère, que de faire demi-tour à droite : cela est conforme à la doctrine de l'Eglise, qui exige une foi aveugle. Or, observez bien comme tout s'enchaîne. Le roi Charles obéissait aux prêtres, et l'armée au roi Charles. Les prêtres ont dit au roi Charles : Croyez; et il a cru. Il a dit à l'armée : Obéissez; et elle a obéi. Mais le peuple n'a voulu ni croire, ni obéir. Il a envoyé l'armée au diable, et renvoyé les prêtres à Dieu, dont ils devraient s'occuper uniquement.

Que pensez-vous de la foi aveugle et de l'obéissance passive ?

Que ce sont les deux grands pivots sur lesquels tourne la monarchie absolue ou constitutionnelle, à la manière de Charles X. Il faut toujours des soldats aux prêtres. Point de processions sans gendarmes, lesquels donnaient des coups de crosse à ceux qui n'ôtaient pas leurs chapeaux assez vite. C'est ce que, dans la langue-prêtre, on appelle invoquer le glaive temporel au secours du glaive spirituel. Le peuple français a brisé tous ces glaives-là, avec lesquels on s'escrimait sur son dos. Il n'est plus soumis qu'au glaive de la loi, qui frappe avec discernement et dans l'itérêt de tous.

En disant que le *peuple français a brisé tous ces glaives-là*, entendez-vous qu'il n'y aura plus ni prêtres ni soldats ?

Non; mais que ces deux classes se renfermeront dorénavant dans les limites de leurs devoirs ; que les prêtres seront les hommes de Dieu, et non ceux de la cour ou d'une faction ; que les soldats seront les hommes du pays, et non les soudoyés d'un despote : c'est ce qu'avaient su comprendre ces braves régimens de la ligne, qui refusèrent de participer au massacre de leurs concitoyens. Ce refus patriotique les associe à la gloire de nos héros des trois jours.

CHAPITRE VII.

DES JÉSUITES.

Qu'est-ce que les jésuites?

C'est un ordre de religieux aspirant à la domination universelle. Ils se regardent comme les soldats de Jésus-Christ, et obéissent à un chef qu'ils appellent leur général. Ils donnent des confesseurs aux rois; la maison de Bourbon se fournit depuis long-temps chez eux.

Ils ont donc rendu de grands services aux rois?

Ils ont souvent tenté de les assassiner et y ont quelquefois réussi.

Quel est le caractère des jésuites?

Ils sont ambitieux, orgueilleux, dissimulés, perfides, capables de tout pour arriver à leurs fins.

Quel a été leur sort?

Ils se sont introduits partout, et partout ont été chassés.

Qu'entend-on par jésuites de robe longue et jésuites de robe courte?

Les jésuites de robe longue sont ceux qui portent le costume de l'ordre, et qui n'ont d'autre métier que celui de jésuites. Les jésuites de robe courte cumulent; ils ont une autre profession avec celle-là. Ils n'avouent pas qu'ils sont jésuites; on peut les comparer aux gendarmes déguisés; ils mouchardent pour le corps : on dit qu'il y en a dans toutes les classes de la société. La confrérie de Saint-Joseph où l'on enrôlait les ouvriers et les domestiques était une corporation jésuitique; les enrôlés étaient des jésuites de robe courte.

Qu'y a-t-il surtout de remarquable dans la doctrine des jésuites?

Qu'elle permet de ne pas tenir un serment : il suffit pour cela de prononcer bas quelques mots qui donnent un sens contraire à ceux que l'on dit tout haut. Ainsi je suppose que Charles X, à Reims, après avoir dit à voix haute : *Je jure,* aura ajouté tout bas : *que je ne promets pas;* puis aura repris tout haut : *d'observer la Charte et les lois du royaume.*

Quand don Miguel jura la constitution, on remarqua qu'au lieu d'étendre la main sur l'évangile, il l'étendait à côté. Il aura fait serment de cette sorte : « Je jure (*que je ne jure pas*) sur l'évangile, d'observer la constitution. » Voilà les malices des jésuites qu'ils nomment des *restrictions mentales*, et que j'appelle des infamies.

Craignez-vous que les jésuites ne rentrent en France?

Je ne suis pas bien sûr qu'ils en soient tous sortis. Je pense qu'on doit les surveiller, car ils sont bien fins. Ils n'auront rien à faire avec Louis-Philippe, à moins qu'ils n'essaient de jouer du poignard, jeu auquel ils sont assez habiles ; mais l'aspect des baïonnettes nationales épouvantera sans doute les poignards jésuitiques.

CHAPITRE VIII.

DE LA NÉCESSITÉ DE S'INSTRUIRE, ET DES FACILITÉS QU'ON AURA DÉSORMAIS POUR LE FAIRE.

Qu'entendez-vous par l'instruction?

Celle dont tout le monde a besoin, le manœuvre et l'homme de lettres, l'artisan et le pair de France, les uns à un plus haut degré, les autres à un moindre, mais à laquelle aucun homme ne doit rester étranger : en un mot, c'est ce que nous appellerons l'instruction du citoyen.

En quoi consiste ce que vous appelez l'*instruction du citoyen ?*

A savoir lire, écrire, compter, et les élémens de la géographie et de l'histoire du pays.

Pourquoi lire?

Parce que, pour l'homme qui peut lire, il n'y a ni momens perdus, ni jours d'oisiveté. Il se repose et s'éclaire en lisant. Quand il ne ferait que lire de temps en temps un journal, il y puise la connaissance raisonnée de ses droits et de ses devoirs.

Pourquoi écrire et compter ?

Parce que l'homme qui peut écrire et compter ce qu'il gagne et ce qu'il dépense possède un moyen de plus de mettre de l'ordre dans ses affaires ; et l'ordre amène l'économie, cette première vertu des ménages, base fondamentale du bonheur des familles.

Mais pourquoi connaître l'histoire du pays ?

Pour comparer notre temps à celui d'autrefois ; juger les événemens présens et même l'avenir par le passé ; apprendre ce que nous devons faire ou ne pas faire, en étudiant ce que nos pères ont fait dans des circonstances à peu près semblables, et ce qui s'en est suivi.

Tout cela est l'affaire de ceux qui gouvernent, et non pas la besogne de chaque citoyen.

Eh quoi ! n'avons-nous pas vu dans les derniers événemens combien la connaissance de l'histoire peut être utile même aux simples citoyens? Si la révolution de 1830, faite toute entière par le peuple, a été si glorieuse, si pacifique, si exempte de toute espèce d'excès, n'est-ce pas surtout parce que tous ceux qui l'ont faite se souvenaient de la révolution de 89 dont ils connaissaient les excès, les uns par les récits de leurs pères, les autres par la lecture? Et puis d'ailleurs sous un gouvernement représentatif, les citoyens ne sont-ils pas tous appelés à se gouverner eux-mêmes? N'ont-ils pas tous le droit de juger et de contrôler les actes des chefs qu'ils se sont nommés? Les lois auxquelles nous obéissons ne sont-elles pas faites par la volonté de tous? Or, pour que la volonté de tous s'exerce avec fruit pour le bonheur de tous, il faut qu'elle s'exerce avec sagesse, c'est-à-dire avec connaissance et raisonnement, sachant ce qu'elle fait et pourquoi elle le fait : pour cela il faut étudier.

Pensez-vous que l'instruction puisse rendre un ouvrier capable par la suite de prendre part aux affaires publiques, d'être député, par exemple?

Pourquoi pas? l'apprenti veut devenir compagnon, le compagnon veut devenir patron; une fois patron, il peut être électeur ; d'électeur il devient éligible, puis député, s'il a l'instruction et les capacités nécessaires pour mériter la confiance de ses concitoyens. Attendra-t-il ce moment-là pour commencer à s'instruire, et dira-t-il à ses concitoyens : « Je suis éligible, » car je paye le *cens;* mais attendez pour » m'élire que je sache lire, écrire, comp-» ter, et tout ce qu'il faut savoir, dont je » n'ai voulu rien apprendre. »

Vous voyez au contraire qu'il est du devoir de chaque citoyen de s'instruire de bonne heure, et de fuir l'ignorance comme le plus grand des fléaux.

Pourquoi dites-vous que l'ignorance est un fléau?

Parce qu'elle produit l'esclavage.

Comment prouvez-vous que l'ignorance produit l'esclavage ?

Par un raisonnement bien simple : l'esclavage ne peut plaire à personne, il est contre nature; pour réduire les hommes en esclavage, il faut donc les tromper; car il est aisé de faire croire aux hommes tout ce qu'on veut, en leur parlant de ce qu'ils ignorent. Ainsi donc la liberté est pour les peuples éclairés; l'esclavage au contraire pour les ignorans. Les Français veulent être un peuple libre : qu'ils commencent par être un peuple instruit.

Mais le peuple n'a pas toujours les moyens de s'instruire.

Il ne les avait pas sous le gouvernement tyrannique et dégradant qu'il vient de renverser. Il les trouvera sous le gouvernement paternel et régénérateur qu'il s'est donné lui-même.

Pourquoi ne les avait-il pas sous le gouvernement de la famille déchue ?

Parce que ce gouvernement était oppresseur, et que le premier intérêt d'un gouvernement oppresseur, c'est d'éteindre les lumières et de perpétuer l'ignorance.

Quels moyens employait le gouvernement pour perpétuer l'ignorance ?

Un seul qui les renfermait tous. Il avait supprimé la liberté de l'enseignement, et s'était réservé à lui seul le droit de désigner les hommes qui seraient chargés d'instruire la jeunesse, et de déterminer la manière dont on devait s'y prendre pour l'instruire.

Prouvez que dans cette seule mesure étaient renfermés tous les moyens de perpétuer l'ignorance.

1° Le gouvernement, ayant seul le droit

de nommer les instituteurs, n'en nommait qu'autant qu'il voulait, c'est-à-dire qu'il n'en nommait que dans les villes et les gros bourgs où il ne pouvait se dispenser de le faire; mais, bien loin de veiller à ce qu'il n'y eût pas en France un seul village sans une école au moins, il avait au contraire bien soin de faire en sorte que la moitié de la France restât sans école, sans aucun moyen de s'instruire.

2° Dans les endroits où il en fallait absolument, on ne manquait pas de ne choisir pour cela que des hommes dévoués au gouvernement et imbus des principes jésuitiques, soit des gens portant soutane (c'étaient des jésuites à robe longue), soit des hommes vêtus de l'habit bourgeois, mais qui n'en étaient pas moins affiliés à la congrégation, et que nous avons désignés déjà sous le nom de jésuites à robe courte.

3° Enfin, si par hasard le gouvernement faisait, sur le nombre, un choix malheureux pour lui, en choisissant un honnête homme, cet homme se trouvait forcé de perdre en partie le fruit de ses bonnes intentions : au lieu de pouvoir faire dans son école tout ce qu'il croyait bon et utile, il était forcé de n'y faire que ce qu'on lui permettait; il avait beau ne vouloir apprendre à ses écoliers que ce qui pouvait leur servir à quelque chose, il n'en fallait pas moins qu'il commençât par leur apprendre à tous tout le *caté-chisme*, et puis tout l'*évangile*, et puis *à servir la messe*, toutes choses qui peuvent être excellentes de soi, mais qui ne sont d'aucune nécessité pour l'enfant dont on ne veut pas faire un prêtre.

La première réforme à faire, c'est donc de rendre la liberté à l'enseignement?

Sans doute; car lorsqu'une fois l'enseignement sera libre, vous verrez s'ouvrir des écoles sur tous les points de la France; il n'y aura pas de coin si reculé, même dans nos départemens les plus éloignés, où nos enfans ne puissent trouver à s'instruire. On ne sera pas forcé de remettre son fils aux mains d'un homme en qui l'on n'a pas confiance; il ne suffira plus d'avoir une robe noire pour avoir seul le droit d'apprendre à lire aux petits enfants; et s'il ne me plait pas que, pour apprendre à lire à mon fils, on lui donne le fouet, je pourrai l'envoyer autre part que chez les bons pères ; et si le maître auquel je m'adresserai a pu se convaincre que, par *l'enseignement mutuel*, on apprend mieux et plus vite que par l'ancienne méthode, il pourra faire usage de *l'enseignement mutuel*, sans que pour cela monseigneur l'évêque lui retire son privilége.

De tout cela, que résultera-t-il pour la France ?

Qu'une fois l'enseignement libre, tout citoyen pourra acquérir cette *instruction du citoyen*, indispensable à tous ; que dès lors le peuple français sera un peuple instruit, et qu'une fois instruit, il ne pourra plus craindre de redevenir jamais un peuple esclave.

CHAPITRE IX.

DE LA GARDE NATIONALE.

———

Qu'est-ce que la garde nationale ?

C'est la réunion des citoyens armés pour le maintien de l'ordre à l'intérieur du pays.

Quels sont ceux qui sont appelés à faire partie de la garde nationale ?

Tous les citoyens en âge et en état de porter les armes, sans distinction de profession ni de rang.

Pourquoi tous les citoyens ?

Parce que tous les citoyens veulent être et sont en effet égaux devant la loi; tous obtiennent de la part des lois une égale protection; c'est donc un devoir pour eux tous de veiller également à ce que les lois soient respectées : c'est un devoir pour chacun en particulier de se tenir prêt à protéger, au besoin, par la force armée, cette loi qui protége tout le monde.

Les marquis et les comtes tout comme les autres. Si un ouvrier passe la nuit et fait la patrouille pour un grand seigneur, pourquoi le grand seigneur ne la ferait-il pas à son tour pour l'ouvrier? et puis qui est-ce qui osera se croire assez gros monsieur pour pouvoir se dispenser d'un devoir auquel l'héritier du trône, le duc d'Orléans lui-même, n'a pas cru pouvoir manquer? car tout le monde sait que ce jeune prince fait son service dans la garde nationale comme simple canonnier.

Que d'abord ils se rendent coupables d'ingratitude envers leurs concitoyens, en refusant de veiller à la sûreté de ceux qui eux-mêmes veillent à la leur; et qu'ensuite, en se permettant de faire autrement que les autres, ils détruisent le principe de l'égalité de tous, base fondamentale de la constitution de l'État.

Les devoirs de la garde nationàle sont de veiller nuit et jour à la tranquillité du pays, et de prêter le secours de la force armée aux magistrats, tant qu'ils n'outrepassent point les pouvoirs que leur accorde la loi.

> Et si par hasard quelqu'un de ces magistrats réclamait le secours de la force armée, pour consommer une violation de la Charte, source de toute loi, que devrait faire la garde nationale?

Il serait du devoir de la garde nationale de refuser l'appui qu'on lui demanderait; un tel refus l'honorerait.

> En a-t-on quelque exemple?

Tout Paris se souvient que, lorsqu'à la chambre des députés, une majorité lâche et vénale osa s'arroger le droit de prononcer l'expulsion de l'immortel Manuel, et requérir le secours de la garde nationale, pour accomplir cet acte d'absolutisme, le brave sergent Mercier acquit des droits à la reconnaissance de la France entière, en refusant de concourir à cette violation des droits les plus sacrés. Le despotisme fut alors forcé de s'adresser à M. Foucauld, colonel des gendarmes empoigneurs.

Quelle différence mettez-vous entre les gendarmes
et la garde nationale?

La garde nationale fait pour rien, et
dans l'intérêt de tous, ce que les gendarmes faisaient pour de l'argent et seulement dans leur propre intérêt.

N'en résulte-t-il pas une différence dans la manière de comprendre et de faire son devoir ?

Oui, sans doute, et une grande; d'a-
bord dans la manière de comprendre son
devoir : la garde nationale a toujours
pensé que son devoir était de ne rien faire
que dans l'intérêt de l'ordre public; les
gendarmes pensaient que leur devoir était
de ne jamais agir que dans l'intérêt de
celui qui les payait ; et comme le peuple,
qui les payait de sa poche, de même qu'il
paye tout le reste, leur faisait remettre
son argent par l'entremise de Charles X,
les bons gendarmes s'imaginaient que c'é-
tait Charles X qui payait, et ils étaient
prêts à tout faire pour Charles X ou pour
M. Mangin, ce qui était la même chose.
Ensuite, dans la manière d'exécuter son
devoir : la garde nationale, qui ne voit
dans le peuple que des concitoyens, le
traite comme elle veut elle-même être
traitée par lui, c'est-à-dire avec égards

et modération. Si je suis sous les armes aujourd'hui, je ne me permettrai pas de fourrer des coups de crosse aux bourgeois, ou de les mener au violon sans les entendre, parce que demain ce sera mon tour d'être bourgeois, et qu'on pourrait me rendre au centuple les injustices que j'aurais faites la veille. Mais les gendarmes, qui ne voyaient dans les bourgeois que de la matière obéissante, n'allaient pas avec eux par quatre chemins : fallait-il, dans une foule, faire reculer le peuple, on disait une fois : « Rangez-vous. » Et, sans attendre l'effet de cette recommandation, l'infanterie donnait des bourrades, et la cavalerie faisait carracoler les chevaux sur les pieds des contribuables.

Que penser du ministère qui osa supprimer la garde nationale ?

Que, quand ce ministère n'aurait eu à se reprocher que ce seul acte d'illégalité, c'en était assez pour justifier la dénomination qui lui fut donnée, par la France entière, de *ministère déplorable;* car il ne pouvait, sans violer tous les droits de la nation, anéantir, par une simple ordonnance, ce qui existait en vertu d'une loi.

Pouvons-nous craindre qu'une pareille violation se renouvelle jamais ?

Non; car, outre les garanties qui nous sont données et par la nouvelle Charte, et par le nouveau roi, et par le bon esprit des gouvernans, on peut dire que, quelle que puisse être la composition des ministères à venir, jamais un seul ne se rencontrera qui ose porter atteinte aux droits de la garde citoyenne. Le souvenir de notre glorieuse révolution restera comme une leçon ineffaçable. On a compris alors qu'il avait pu être facile de licencier des soldats-citoyens, même amis de la liberté, quand ils n'avaient autre chose à faire que passer des revues, ou veiller au maintien d'un pouvoir qu'ils détestaient, mais que, tôt ou tard, quand le moment était venu, ces mêmes citoyens pouvaient reparaître, comme ils ont reparu dans les trois journées de juillet, armés et invincibles.

CHAPITRE X.

DES COALITIONS D'OUVRIERS.

———

Que pensez-vous des coalitions d'ouvriers?

Je les blâme.

Pourquoi?

Parce qu'elles portent atteinte à la liberté, en prétendant faire la loi aux maîtres d'ateliers et aux ouvriers; aux premiers, en fixant un prix au-dessous duquel elles prennent l'engagement de ne pas travailler; aux autres, en leur défendant de travailler au prix fixé par elles et dont plus d'un se contenterait, sans la crainte qu'inspirent les menaces des chefs de ces coalitions.

Ces coalitions se font pourtant dans l'intérêt commun des ouvriers.

Chaque ouvrier doit veiller lui-même à ses intérêts et débattre tout seul avec son bourgeois le prix de son travail. Les ouvriers seraient-ils contents, si les maîtres s'entendaient entre eux pour diminuer leur salaire? L'industrie est libre : permis à chacun de donner son temps et son travail aux conditions qui lui conviennent. Pourquoi tous les ouvriers d'ailleurs seraient-ils payés de même? N'y a-t-il pas des différences parmi eux? Est-il juste que les maladroits soient traités comme les habiles, les fainéants comme les laborieux? L'honnête et bon ouvrier n'a pas besoin de coalition pour gagner sa vie : s'il manque d'ouvrage ou s'il n'est pas assez payé, la faute en sera aux circonstances et non aux maîtres qui se montreront toujours empressés de l'attacher à leur établissement. Or, quand les circonstances sont indépendantes de notre volonté, nous n'en devons point être responsables. Ces coalitions d'ailleurs offrent des inconvéniens graves.

Quels sont ces inconvéniens?

D'abord elles engendrent les rassemblemens et les promenades par bandes nombreuses, ce qui inquiète et effraie une grande partie de la population. Ensuite les mauvais sujets, pour jouer un rôle, hasardent les propositions les plus inconvenantes, les plus attentatoires à l'ordre et à la liberté, souvent les plus ridicules, et finissent quelquefois par entraîner les faibles et les bornés. Ainsi, indépendamment de la fixation du salaire, n'a-t-il pas été question de la destruction des machines, du renvoi des ouvriers étrangers ? Quand tout marche vers un perfectionnement qui est un des premiers besoins de la société, une des plus rigoureuses conséquences de la civilisation, on eût donc comprimé les utiles et glorieux progrès de la mécanique ! C'était en quelque sorte arrêter l'intelligence humaine dans sa marche et ses développemens ; c'était plus que la forcer à rester stationnaire et oisive : c'était la faire retourner en arrière ; c'était défendre au génie d'inventer. Qu'auraient fait de pis les Bourbons et les jésuites? Le renvoi des ouvriers était une chose tout aussi raisonnable. Par là notre belle France, ouverte, au temps même du despotisme, à toutes les industries comme à toutes les infortunes, serait devenue inhospitalière et cruelle sous le régime de la liberté. Alors auraient cessé ces cris d'admiration, ces bénédictions universelles qui ont salué notre belle révolution, et les nations nous eussent regardés comme un peuple de barbares qui ne savent briser une tyrannie que pour lui en substituer une autre.

Les rassemblemens et les promenades des ouvriers parisiens n'étaient donc pas de votre goût ?

Non, je l'avoue franchement; car je ne veux pas plus flatter les ouvriers que les princes : mais j'avoue aussi qu'ils ne m'ont inspiré aucun effroi. Je connaissais le jugement sain, la haute raison de ces braves gens; ils en avaient donné tant de preuves dans nos trois grandes journées! Je savais bien qu'ils ne voudraient pas ternir la gloire si pure qu'ils y avaient conquise. Ils n'ont pas tardé en effet à céder à la voix de la raison : ils ont compris que la tyrannie des ouvriers ne valait pas mieux que celle des prêtres ou des gendarmes, que la liberté était pour tous, et que l'ordre public était surtout nécessaire pour la fonder d'une manière durable.

CHAPITRE XI ET DERNIER.

UN DERNIER MOT SUR CHARLES X.

Pourquoi Charles X ne faisait-il jamais rien sans la permission de l'Angleterre et de l'Autriche?

Parce que c'est à l'Angleterre, à l'Autriche, aux étrangers, en un mot, que Charles X devait d'être remonté sur le trône. Ce sont les étrangers qui ont ramené en France les Bourbons, cette famille de rois-mendians, dont la France ne veut plus depuis quarante ans.

Mais les étrangers n'ont-ils donc rétabli les Bourbons que pour le plaisir de les rétablir?

Non pas, vraiment; mais ils les ont rétablis à de certaines conditions sur lesquelles on s'était bien gardé de consulter la France.

Quelles étaient ces honorables conditions?

1° Que le roi de France ne ferait rien

sans la permission des puissances étrangères.

2° Qu'il ferait tout ce que les puissances étrangères lui ordonneraient.

Charles X ne régnait donc pas seulement par la
grâce de Dieu ?

Non; mais bien plutôt par la grâce des
étrangers.

Ne peut-on pas dire aussi que Charles X régnait
par la grâce des prêtres ?

Oui; à moins qu'on ne trouve plus
juste de dire que les prêtres régnaient
par la grâce de Charles X.

Pourquoi, sous Charles X, les prêtres étaient-
ils rois ?

Parce que Charles X ayant été élevé
par des prêtres dans des idées de bigo-
tisme, comme tous les princes de sa
race, n'a jamais eu de confiance que
dans les prêtres, et n'a jamais voulu rien
faire que par eux. Comme il voulait que
les prêtres fussent tout-puissans sur la
France, ainsi qu'ils l'étaient sur lui-
même, il leur donnait beaucoup d'argent
pour entretenir leurs séminaires, et en-
régimenter le plus de gens qu'ils pouvaient.

Et le peuple aimait-il les prêtres?

En général, sous Charles X, le peuple aimait fort peu les prêtres, parce que ceux-ci avaient alors la manie de se mêler des affaires de tout le monde, ce que tout le monde trouvait mauvais.

Si, grâce aux efforts du parti-prêtre et de la garde royale, les Bourbons avaient triomphé, peut-on prévoir ce qui serait arrivé?

Il est facile de le deviner : c'en était fait du peuple et de ses défenseurs. Les cours prévotales étaient rétablies et la guillotine relevée en permanence. Notre roi citoyen, Philippe Ier, nos braves généraux Lafayette, Gérard, Pajol; nos députés patriotes, Benjamin-Constant, Mauguin, de Schonen, Lafitte; les premiers élèves de nos écoles polytechniques, de droit, de médecine, les intrépides ouvriers qu'on aurait surpris les armes à la main; tous les journalistes de l'opposition; tous ceux enfin qu'on aurait pu convaincre de patriotisme et d'amour pour la liberté, auraient payé de leur tête leur rébellion au pouvoir de Charles-le-Bien-Aimé. Cet excellent prince aurait-il pu faire moins que d'envoyer à la guillotine ceux qui le chassaient à coups de fourche, lui qui, le 30 juillet, fit fusiller, à Saint-Cloud, vingt-huit soldats qui refusaient de tirer sur le peuple ? Après quoi, on serait allé, en grande procession, chanter un *Te Deum*, à Notre-Dame ; on aurait fait jeter à la voierie les cadavres des rebelles ; on aurait poursuivi, devant les tribunaux, leurs femmes et leurs enfans, comme suspects ; et puis, pour servir de pendant à la chapelle du duc de Berri et de Louis XVI, on aurait élevé, aux frais des citoyens, en l'honneur des malheureux Suisses massacrés par des tigres armés de bâtons, un monument expiatoire.

FIN.

TABLE DES CHAPITRES.